कभी धूप कभी छाँव

काव्य संग्रह

कनिका द्राल

BookLeaf Publishing
India | USA | UK

Made with ❤ on the BookLeaf Publishing Platform
www.bookleafpub.in
www.bookleafpub.com

Dedication

यह काव्य संग्रह मेरे माता-पिता,
"श्रीमति गीता और श्री ब्रह्म प्रकाश"
को सादर सप्रेम समर्पित है।

जिनके अथाह प्रेम, विश्वास और निरंतर
प्रेरणा के कारण यह संभव हुआ है।

Preface

प्रिय पाठकों,

"कभी धूप कभी छाँव" मेरी पहली काव्य-यात्रा है, जो आपके सामने प्रस्तुत करते हुए मेरा हृदय कृतज्ञता से भर उठा है। जीवन के हर छोटे-बड़े पल, हर एहसास, चाहे वो खुशी का हो या गम का, मुझे कलम उठाने को प्रेरित करते रहे।

इस किताब में आपको जीवन की वही धूप और छाँव मिलेंगी, कभी उम्मीद की किरणें तो कभी उदासी के गहरे साए। मैंने इन कविताओं में अपने अनुभवों, अपनी कल्पनाओं और अपने आस-पास की दुनिया को समेटने का प्रयास किया है। इस किताब की पहली कविता प्रभु श्री राम जी के चरणों में समर्पित है।
आशा है मेरी ये छोटी सी कोशिश आपके दिल को छू पाएगी और आप इसमें अपने कुछ एहसास भी महसूस कर पाएंगे। आपके प्रेम और प्रोत्साहन की आकांक्षा में।

- कनिका

Acknowledgements

इस काव्य संग्रह 'कभी धूप कभी छाँव' को आप तक पहुँचाने में कई लोगों का प्रत्यक्ष और अप्रत्यक्ष रूप से सहयोग रहा है, जिनके प्रति मैं हृदय से आभार व्यक्त करती हूँ।

सर्वप्रथम, मैं अपने माता-पिता, भाई और दोनों परिवार का धन्यवाद करना चाहती हूँ, जिनके अटूट प्रेम और प्रोत्साहन ने मुझे हमेशा प्रेरित किया। मेरी सखियों का भी आभार, जिन्होंने मेरे साहित्यिक सफर में मेरा साथ दिया और मेरी कविताओं के पहले पाठक बनकर महत्वपूर्ण सुझाव दिए।

मेरे जीवनसाथी, प्रवीन और मेरी बेटी, वामिका को उनके निरंतर प्यार और प्रोत्साहन के लिए विशेष धन्यवाद।

उन सभी अज्ञात प्रेरणाओं और अनुभवों की भी मैं आभारी हूँ, जिन्होंने इन कविताओं को जन्म दिया। अंत में, आप सभी पाठकों का धन्यवाद, जिनके हाथों में आज यह किताब है। आपकी सराहना ही मेरी सबसे बड़ी उपलब्धि होगी।

-कनिका

सुनो, मैं श्री राम

(प्रभु श्री राम चन्द्र जी के चरणों में समर्पित)

सुनो, मैं श्री राम,
सुना है तुम मुझसे नाराज़ हो,
सिया के वन भेजने पर तुम उदास हो।
हाँ वो अग्नि परीक्षा तुमको जलाती है,
नारी के साथ अत्याचार की याद दिलाती है।

लो खड़ा हुँ मै आज तुम्हारी अदालत में,
देने आया हुँ एक एक इल्ज़ाम पर सफाई।
मैं अपनी मर्यादा ना छोड़ूँगा,
तुमको ठीक लगे तो देना मुझे रीहाई।

कैकेयी माता की इच्छा से,
मुझे चौदह वर्षों का वनवास मिला।
बिन हठ किये, मैं रघुराई, चला अयोध्या से,
मेरी जानकी और भाई लक्ष्मण का साथ मिला।

बेशक महलों की चकाचौंध ना थी,
ऐशो-आराम और राजभोग की सुगंध ना थी।

माँ प्रकृति का स्नेह,दुलार और आँचल था,
सियाराम के प्रेम से रंगा वनाँचल था।

एक दिन वो जो आया,सारा सुकून छीन ले गया,
जैसे सिया को नहीं, राम से राम को छीन ले गया।
खोज हिरण की, कब सिया की खोज मे बदल गई,
पता ना चला।
मैंने एक एक पेड़ और पात पात से पुछा,
पर मेरी सिया का पता ना चला।

मेरे कदमों को मैने रूकने ना दिया,
सिया के मिलन की आस का दीया बुझने ना दिया।
मेरी आस को उस पल नया जीवन दान मिला,
जब जटायु का संदेश और हनुमान जी का साथ मिला।

समुद्र पार लंका तक वो उड़ान,
मेरी सिया का पहला संदेश लाई,
मेरे भक्त के साथ मेरी जानकी ना आई।
बिन राम के प्राण त्यागना उसे गवारा था,
राम के नाम पर लांछन को उसने नकारा था ।

ये बलिदान मेरी सिया का, मेरे लिए अमूल्य है।
सियाराम के प्रेम की गहराई का माप,अतुल्य है।
बिन सिया के,राम की कीर्ति की गाथा अधूरी है।
सियाराम की प्रीति को, मेरु सा दृढ़ बनाती ये दूरी है।

विष्णु अवतार के भिगे दो नैन, सीता के लिए।
कौशल्या नंदन का विशाल संघर्ष, सीता के लिए।
जल में तैरते वो राम नाम के पत्थर, सीता के लिए।
तोड़ा जो शिव भक्त रावण का घमंड, सीता के लिए।
त्रेता का एक एक क्षण जिया राम ने, सीता के लिए।

तुम्हारे ग्रंथों मे लिखा वो अग्नि प्रवेश,
सीता के विशुद्ध सतीत्व के उदाहरण की प्रस्तुति है।
कैसे कर सकता है राम सीता पर संदेह,
जब खुद मानता राम सिया को अपनी स्तुति है।

क्या कहता तुम्हारा इतिहास, ये तुम ही जानो।
अब ये तुम पर निर्भर, किस राम को तुम अपना मानो।
इस प्रेम कहानी में, मेरी सीता की कोई परीक्षा नहीं।
जानकी पर किसी भी प्रमाणिकरण की, राम को प्रतीक्षा नहीं।

ज़िन्दगी का सफ़र

गुज़र गई है ये ज़िन्दगी,
मुठ्ठी से फिसलती रेत की तरह,
आज मुझे लगता जैसे।
साथ है,वो आँधी और बरसातें,
दे गई जो शरीर पर हज़ारों खराशें।

गुज़रे पग पथरीले रास्तों से बहुत,
रूलाया भी था उन फूलों ने,
जिन पर छिपे थे कांटे बहुत।
जीवन की डोर ने दिए थे,
अनगिनत छाले,
जिनको मिटाने आए बादल काले।

तुफ़ानो की लहरों मे जब फ़सी थी,
ज़िंदगी की नौका,
किनारा तलाशते तलाशते,
एक आईना सामने आया,
क्या है अपना और क्या है पराया।

कभी त्योहारों का आलम रहा,

रहा कभी खामोशियों का आगाज़।
ऊपर देख बहुत रोए ये नैन,
बसंत के बाद जब पतझड़ आया,
उसने ही काली रातों को पुर्णिमा बनाया।

बहुत कुछ पाने की चाह थी,
था बहुत कुछ खोने का शिक्वा।
मिला तो वो भी था जिसके आने की,
आहट तक ना थी गवारा।
रहा ज़िन्दगी में अकसर,
धूप छाँव का नज़ारा।

चाँद से बात

मेरी अकसर,
चाँद से कुछ बात होती है,
हर रोज़ जब अँधेरी रात होती है।

मैं अकसर,
चाँद से बहुत सवाल करती हुँ,
उसके जवाबों का बेसब्री से इंतज़ार करती हुँ।

मैं पुछती हुँ चाँद से,
क्या ये अँधेरा उसे डराता नहीं?
उसकी रोशनी पर नज़र बुरी लगाता नहीं?
वो कहता है,
उसकी शीतलता उसे डरने नहीं देती,
दानशीलता नज़र लगने नहीं देती।

मैं पुछती हुँ चाँद से,
वो इतना साहस कहाँ से लाता है?
कैसे घनघोर तिमिर से भिड़कर,
हर रोज़ अपनी चमक फैलाता है?
वो कहता है,

ठान लिया अगर तो साहस आ ही जाता है,
जब संघर्ष से हो जाए दोस्ती,
तमस में भी रास्ता निकल आता है।

मैं पुछती हुँ चाँद से,
क्या उसे नहीं लगता,
ये कैसा अँधेरा है उसका नसीब,
कि रोशनी लेकर,
रहना पड़ा उसे अँधेरे के इतने करीब?
वो कहता है,
कि विपरीत परिस्थितियों मे रोशन रहना ही,
उसे दुनिया में सबसे खास बनाता है।
रात के अँधियारे मे इसलिए,
हर आँख को चाँद सबसे सुंदर नज़र आता है।

वो सुलझन बुनती है

भोर हुई कि पहली किरण से जगती है,
नींद टूटी तो ज़िम्मेदारी में पाँव रखती है,
आगाज़ फिर एक दिन का हिम्मत से करती है,
रसोई की धीमी-तेज़ आँच के बीच,
ना जाने कितनी आवाज़ें वो सुनती है,
दूसरों की उम्मीदों से युद्ध करती,
उँगलियों मे थामकर नई उलझन का छोर,
धीरज के तार से, दिए गए अधिकार से,
वो सुलझन बुनती है।

सपनों को गठरी मे बाँधकर,
वक्त मिले तो उसमें थोड़ा झाँककर,
अधूरी आकांक्षाओं को याद करती है,
फिर उस अधूरेपन को, हँसी से ढकती,
कभी चुपचाप सुनती, खामोश रहती,
भीतर ही भीतर रोज़ एक जंग लड़ती,
बिखरे टुकड़ों को समेटकर, फिर जोड़कर,
आत्मबल के तार से, असीम गहरे विचार से,
वो सुलझन बुनती है।

समाज की बंदिशों को लादकर,
रस्मों की पुरानी खिड़की में झाँककर,
सबकी परछाई बनकर चलती है,
कभी अपनी पहचान खोती,
फिर भी ना रूकती, ना थकती,ना हारती,
कसकर थामे अपनी उँगलियों में,
रिश्तों की डोर के दोनों छोर,
प्यार के तार से,त्याग की स्वीकार से,
वो सुलझन बुनती है।

रात की चादर ओढ,जब सब सोते,
वो अकेली, पूरे दिन का हिसाब करती,
अनकहीं बातें,अनजानें एहसास,
और आँखों से निकलते पानी को पोंछकर,
कल के सूरज के लिए, नई उम्मीद संजोती,
खुद को मज़बूत करती,
फिर नई योजनाएँ बुनती,
जीवन के तार से,अनुभव के श्रृंगार से,
वो सुलझन बुनती है।

एक पत्र द्रौपदी के नाम

हे द्रौपदी, हे पांचाली,
यज्ञसैनी, द्रुपदकुमारी,
भारत इतिहास गौरवान्वित हो जाता है ,
इसके पन्नों में,जब नाम तुम्हारा आता है ।
ज्वाला से उत्पन्न तुम ,
जीवन भी तुम्हारा ज्वाला सा,
पिता का पुत्र प्रेम सहा,
सहा पत्नी प्रेम का बंटवारा,
भरी सभा में वो अपमान और बहती अश्रु की जलधारा ।

चौसर की गोटियों को हाथ लिए,
वे कुलवधू के सम्मान से खेल गए ,
वे दिग्गज योद्धा, बड़े पराक्रमी,
मौन रहकर, एक नारी की ताड़ना झेल गए,
हर नारी की पीड़ा की कुंठा बन ,
पापियों के संहार को अंजाम दिया,
युगों युगों तक ये चीरहरण ना दोहराए ,
तुमने अपनी ममता का बलिदान दिया ।

देखो ,कैसा दुर्भाग्य इस भारत का,
आज भी ये भारत वहीं खड़ा,
लेकर बुरी निगाहें और कुटिल मनसूबे,
फिर दुशासन, हमारी आज़ादी की राह अड़ा,
इस आज़ादी तक का सफ़र आसान नहीं,
हम बेटी माँ की गोद में भी लड़के आई थी,
छोटी उम्र में, बँधी वो चूड़ियों की ज़ंजीर,
उस बंधन को तोड़, हमने किताबें पाई थी,
समाज के असह्य तानों को सहन कर ,
बाबा ने घर की चारदीवारी लंघाई थी,
कई दशकों से, कुरीतियों का सामना कर,
अपनी पहचान बनाने की आज़ादी पाई थी।

देखो द्रौपदी,
इस आज़ादी की क़ीमत, कैसे हमें चुकानी पड़ी,
उसी अँधी न्याय सभा में,
अपने लिए न्याय की गुहार लगानी पड़ी,
ऊँचे पद पर बैठ, हर प्रमाण मिटाने लगते हैं,
सत्ता के दम पर ,पीड़ित का ही कसूर बता ने लगते हैं,
कलकत्ता,हाथरस,कठुआ,उन्नाव
हर गाँव गली शहर कलंकित है,
आज भी भारत के सीने में ना जाने,
कितनी निर्भया की अनसुनी कहानी अंकित है।

हाँ सच है, सब के मनसूबे गलत नहीं,
दुर्योधन और गोविंद के बीच, हमें कैसे भेद हो?
नारी हैं, नारी होने पर हमको ही क्यों खेद हो ?

द्रौपदी कहना अपने गोविंद से,
अब क्यों? वो रक्षा करने आते नहीं,
पीड़ा,ताड़ना,मानहानि,शोषण,वध
अगर यही अंजाम है एक नारी के जीवन का,
अच्छा होता, वो नारी हमें बनाते नहीं ।
वो नारी हमें बनाते नहीं ।

मामा के घर की यादें

वो घर जो अपना है नहीं,
फिर भी अपना सा लगता है।
जहाँ बचपन में बिताया हर पल,
अब सपना सा लगता है।

गर्मी की छुट्टियाँ मानो,
वहीं ठन्ड का एहसास ढूँढ़ती थी।
छुट्टियों का ऐलान होते ही,
पापा के घर की गलियाँ रूठती थी।

बहुत अलग थी वहाँ की हवा,
हवा में चूल्हों से निकलता धुँआ था।
पानी लगता था खारा सा,
वहीं पर देखा मैंने कुँआ था।

खेतों में झुमती वो फ़सलें,
उस मिट्टी से आती सुगंध,बड़ी प्यारी थी।
पशुओं से भरे घर के आँगन,
वहाँ के दूध की मिठास न्यारी थी।

मामी के हाथ की चूल्हे की रोटी,
फूली-फूली,सफ़ेद घी में डूबी थी।
जो माँगो,आसानी से मिलता था वहाँ,
यही उस घर की मुझे लगती खूबी थी।

कच्ची सूरत थी वहाँ की गलियों की,
उन गलियों पर बुज़ुर्गों का पहरा था।
नींद आने से पहले,गिना करती थी तारे,
वहाँ के आसमान से रिश्ता मेरा गहरा था।

मामा के ट्रैक्टर पर बैठकर,
होती थी खेतों तक लम्बी सैर।
खेतों में हौदी का ठंडा पानी,
डोलियों पर डगमगाते चलते मेरे पैर।

यूं तो वहाँ के लोगों का जीवन,
बड़ी कठिनाइयों से भरा था।
आम सुविधाओं के लिए रोज़ एक संघर्ष,
पर वहाँ की मिट्टी में जज़्बा बड़ा था।

नाना के हाथों से मिलता आशीर्वाद,
उनकी आँखें ममता से भरी पानी थी।
बस एक कमी थी,उस घर के आँगन में,
सिर्फ़ तस्वीर में दिखती मुझे अपनी नानी थी।

माँ - एक प्रार्थना

सोचती हूँ,
जब मैंने तुमको भाग्य में पाया होगा,
तो रब ने क्या नियम अपनाया होगा?
कैसे तुम मेरे हिस्से आई,
क्या कतार लगी थी,
मैं सबसे आगे खड़ी थी,
या रब को मैं कुछ ख़ास लगी थी।

कुछ तो ख़ास किया होगा मैंने,
जो इतनी प्यारी माँ को पाया,
अपनी ममता के लहू से,
तुमने मेरा अस्तित्व बनाया।

आँचल तुम्हारा तारों का बसेरा,
जिसमें मैंने हर डर को ढाँप लिया।
तुम्हारी प्यार की रौशनी में,
हर अँधेरा मैंने माफ़ किया।

जब जब लड़खड़ाए कदम मेरे,
तुम्हारे हाथों ने थामा।

जब जब टूटने लगी थी मेरी साँसें,
तुम्हारी दुआओं ने उनको बाँधा।

तुमने तो हर जन्म में,
मुझे सीने से लगाया होगा।
अपने हिस्से का सुकून,
मुझे देकर मुस्कुराया होगा।

अब जब भी थक जाऊँ मैं,
तुम याद बन के बहती हो।
तुम्हारी गोद की खुशबू,
अब भी जैसे तकिए से कहती हो—

"माँ कोई रिश्ता नहीं होती,
वो तो एक प्रार्थना होती है।
पास हो तो छाँव सी सुकून देती है,
दूर हो तो ख़ुशबू बनकर बहती है।"

मैं चिड़िया तेरे आँगन की

मैं चिड़िया तेरे आँगन की,
तुम डाल बने, मैं शाखों की।
तुम्हारी पलकों की छाँव तले,
मैं नन्ही सी उड़ान भरती थी।

तुम्हारे काँधे की ऊँचाई से,
दुनिया सबसे छोटी लगती थी।
तुम्हारी बातों की ताकत से,
मैं गिरकर फिर से उठती थी।

तुम्हारे सादे से कुर्ते में,
छुपे थे हज़ारों ख्वाब मेरे।
तुम्हारी थकी सी मुस्कान में भी,
बसते थे जवाब सारे मेरे।

ना जाने कितने मौसम बदले,
पर तुम कभी नहीं बदले पापा।
हर तूफ़ान में तुम खड़े रहे,
मेरे लिए खुद से भी लड़ते थे पापा।

आज मैं कुछ दूर चली आई,
पर दिल से दूर नहीं हूँ पापा।
तुम्हारे पास होने का एहसास,
मेरे जीवन के हर पल में समाया।

जब-जब दुनिया से थक जाती हूँ,
तुम्हारी गोद की यादें सहला जाती हैं।
तुम कहते थे "उड़ मेरी चिड़िया",
तुम्हारी आवाज़ आज भी हिम्मत दे जाती है।

मैं चिड़िया तेरे आँगन की,
अब और आँगन में उड़ती हूँ।
पर तुम्हारे प्यार की जो डोरी है,
उससे अब भी खुदको बाँधे रखती हूँ।

मेरी वामिका

(मेरी बेटी वामिका के लिए)

मेरी ज़िंदगी में आने के लिए,
इसे मेरा शुक्रिया समझ लेना।
इस लफ़्ज़ों की बड़ी सी टोली को,
तुम प्यार भरी सौग़ात समझ लेना।

समझ लेना कि तुम्हारी माँ,
तुमसे प्यार बहुत करती है।
जब तुम रोने के बाद चुप हो जाती हो,
तब वो लंबी आह भरा करती है।

करती है वो उस पल का इंतज़ार,
जब तुम्हारे होठों पर हँसी खिलती है।
तुम्हारे इस तरह मुस्कुराने से,
आँगन में रोज़ एक फूल की कली खिलती है।

खिलती है माँ के मन में हज़ारों खुशियाँ,
जब तुम्हारी पायल छन-छन करती चलती है।
सिर पर आती धूप से ना घबराना तुम,

मेरी ममता की छाँव तुम्हारे साथ चलती है।

चलती हो आज तुम मेरी उंगली के सहारे से,
ये सहारा तुम हमेशा याद रखना।
ऐसे ही कल तुम्हारी उंगली की बारी होगी,
ये बात तुम हमेशा याद रखना।

बेटियाँ नहीं हो सकती धन पराया,
चाहूँ ये बात मेरी मान्य हो।
तुम्हारी माँ को है जो जान से प्यारा,
वो सिर्फ़ और सिर्फ़ मेरी तुम वामिका हो।

सड़क

एक दिन एक दोस्त का संदेसा आया,
उस दोस्त का नाम है- "सड़क"।
वो कहती है,
कि वो आज़ाद भारत की वासी है।
वो कहती है,
कि वो खुशहाल भारत की वासी है।
उसने बताया,
कि गगनयान पर काम चल रहा है।
आर्थिक शक्ति को देख,
पड़ोसी मुल्क जल रहा है।
फोन से ही पैसों का लेन-देन हो जाता है,
शौच के लिए कोई घर से बाहर नहीं जाता है।

इतराती हुई बोली,
राहगीरों को उनकी मंज़िल तक पहुँचाती हूँ।
साथ ही भारत के गाँव और शहरों को दिखाती हूँ।

मुझको भी मेरी दोस्त सड़क का न्योता आया।
मैंने भी उसके साथ,
एक स्वच्छ और सुंदर गाँव देखने का मन बनाया।

उस गाँव को देखने का अनुभव कुछ ऐसा था,
कि यूँ तो गाँव के बगल में पुलिस थाना दिख रहा था।
एक जगह मोमबत्तियों का जमावड़ा दिख रहा था।
पूछने पर दोस्त ने बताया,
कि रोज़ कुछ लोग मोमबत्तियाँ लेकर आते हैं।
एक लड़की को इंसाफ़ मिल सके इसलिए इन्हें जलाते हैं।

यूँ तो गाँव में स्कूल और बग़ीचा दिख रहा था,
पर माली की आँखों में गहरा ग़म दिख रहा था।
पूछने पर उसने बताया,
यहाँ पानी के नल पर भी ऊँची जाति का पहरा है,
इसलिए दिखता यहाँ उदास, नीची जाति का हर चेहरा है।

यूँ तो गाँव साफ़-सुथरा हरा-भरा दिख रहा था,
किसी पेड़ की शाखा पर लटका,
एक रस्सा दिख रहा था।
पूछने पर उसने बताया,
इस रस्सी से एक किसान ने फाँसी का फंदा बनाया है,
तंगी से परेशान होकर,आत्महत्या को अपनाया है।

यूँ तो गाँव के घर बड़े सुंदर दिख रहे थे,
लेकिन घर के आँगन बिलकुल सुनसान लग रहे थे,
पूछने पर उसने बताया,
यहाँ बच्चियाँ बाबा के दिल का टुकड़ा मानी जाती हैं।
पर बालिका वधू बनके जल्द ही विदा हो जाती हैं।

यूँ तो गाँव में मंदिर और मस्जिद दिख रहे थे,
उनके वजूद पर लोगों के बीच मतभेद दिख रहे थे।
पूछने पर उसने बताया,
वैसे तो ये लोग ईद-दिवाली सब एक साथ मनाते हैं,
बाहरी लोगों के भड़काने से, तेरा-मेरा के नारे लगाते हैं।

दो बच्चे तेजी से हमारी ओर आते दिख रहे थे,
अपने बाबा को खोजते हुए, उदास दिख रहे थे।
सड़क ने मुझे धीरे से बताया,
कुछ बाहरी घटनाओं के कारण,
यहाँ दंगे हो जाते हैं।
फिर मरने वालों की लाशों पर मिट्टी डालकर,
वहाँ साफ़-सुथरी नई सड़क बनाते हैं।

फिर शाम होने लगी और घर लौटने का समय हुआ,
विदा लेते वक़्त सड़क ने पूछा,
"कैसा लगा नए भारत का ये गाँव?"
मैंने कहा कि,
बेशक आज भारत चाँद पर पहुँच गया है,
लेकिन अफ़सोस बहुत कुछ पीछे छोड़ गया है।

जल जीवन की कहानी कहता

नदियों की कल-कल,
सागर सी गहराई,
झील सा शान्त,
ओंस की बूंदे,पत्तो पर मोती,
कभी किसी की आँखों से बहता,
जल जीवन की कहानी कहता।

बूंद-बूंद से बनता सागर,
कण-कण से बनती है गागर,
वैसे हर पल से बढ़ती ज़िंदगानी,
हर अनुभव से बनती कहानी,
हो पानी-सा धैर्य,
आता बाधाओं को सहना,
दरिया बनकर बहते रहना।

निर्मलता में दिखे जीवन का सार,
हर अशुद्धि को लेता स्वीकार,
फिर भी रखता खुद को पावन,
हरियाली लाता बनकर सावन,
किसी में घुलना, कभी मिलना और समाना,

अपना अस्तित्व खोकर भी,
हर बार कुछ नया बन जाना।

सूरज की किरणों से तपकर,
छूता गगन भाप बनकर,
कहीं ठोस रहता,हिम के रूप,
कभी पिघलता नदी स्वरूप,
ना जाने कितने रूप बदले,
पर कायम रखता आधार वही,
हर अवस्था में छूपा अर्थ कहीं।

गैरहाज़िरी इसकी ना मन को भाए,
लेकर संकट सिर पर आए,
लागे बिन पानी सब सूना,
कर्म हमारा इसको संजोना,
एक भी कतरा ना हो इसका व्यर्थ,
ये लहू धरती का, देता प्राण,
इसकी महत्ता से ना रहना अनजान।

मिट्टी की बस्तियाँ

ईमारतों की ऊँचाई में,
जो ज़मीन खो सी जाती है,
वहीं कहीं कोनों में छुपकर,
ज़िंदगी मुस्कुराती है।

धारावी की गलियों से,
धुआँ नहीं,उम्मीद उठती है,
कठपुतली की बस्ती में,
हर शाम एक कहानी बुनती है।

यहाँ न छतें मजबूत हैं,
न दरवाज़े बंद होते हैं,
पर लोग यहाँ,
टूटते नहीं,
हर रोज़ थोड़े और जुड़ते हैं।

संघर्ष सिर्फ यहाँ लोग नहीं,
सूरज की किरणें भी करती हैं।
जलधारा की नीली डोरियाँ भी,
गंदी नालियों से होकर गुजरती हैं।

बच्चा वहीं गली में,
पढ़ाई की जिद में बैठा है।
कभी दीवार, कभी टीन की छत,
उसका स्कूल बना बैठा है।

माँ के हाथों में चूल्हे की राख,
पर आँखों में चमक की बात है।
"मेरे बच्चे पढ़-लिख जाए"
बस यही जीवन की सौगात है।

कोई दर्ज़ी है, कोई बूट पालिश करता,
कोई कटपीस से सपना सी रहा है।
कोई महँगी कारें धोता,
कोई बेबसी में जिंदगी जी रहा है।

यहाँ कठपुतलियाँ धागों से नहीं,
कड़वे सच से नाचती हैं।
ना मंच है,ना तालियाँ,खामोशी का राज है,
हर मुस्कान के पीछे बसता इक गहरा साज़ है।

शहर के नक्शों में,
इन गलियों का नाम तक नहीं,
पर इन्हीं बस्तियों में
देश का पसीना जमता है कहीं।

जब इंडिया चाँद पर पहुँचता है,
ये लोग अपनी छत बचाते हैं।
जब टी.वी. पर विकास बोलता है,
ये खामोशी से सब सुन जाते हैं।

तो पूछो ज़रा इन गलियों से,
क्या है असली ज़िन्दगानी।
जहाँ मिट्टी में पलते हैं ख्वाब,
और उम्मीद बनती है कहानी।

मैं एक किसान हूँ

बैठा रहता हूँ इस विचार में,
बिके फ़सल मेरी कहीं बाज़ार में।
ना जानूं क्या है गलती मेरी,
रूठा क्यों मुझसे ये मौसम बैरी।
कभी घनी ये धूप सताए,
कभी मेघ घना पानी बरसाए।
चिंता होती देख खेत को सूखा,
कहीं रह ना जाए कोई मानस भूखा।
मौसम के बदलते तेवर देख हैरान हूँ,
मौसम की मार खाता,
मैं एक किसान हूँ।

हर चुनाव ने हमारा ख्याल दिलाया,
लेकर झूठे वादे,हर कोई मत माँगने आया।
कितने सालों से वादे सुनते आए हैं,
आस लेकर हर बार नेता चुनते आए हैं।
माना उनको सिर्फ कुर्सी की फ़िक्र है,
कोई नहीं जिसकी चिंता में मेरा ज़िक्र है।
कुर्ता फ़टा और जेब खाली पड़ी है,
सिर पर ऋण की भारी किस्त खड़ी है।

देनदारों के ताने सुन परेशान हूँ,
कर्ज़े में डूबा,
मैं एक किसान हूँ।

छोटे लाडलों की स्कूल की फ़ीस है जानी,
सयानी बिटिया भी है ब्याहनी।
मिठाइयों सी मिठी हर घर की दिवाली,
मेरे घर के बर्तन इस दिन भी है खाली।
कभी जो धरती उगलती थी चाँदी-सोना,
आज ये बंज़र और हरा नहीं इसका कोई कोना।
मेरी भूख भूखी और प्यास प्यासी है,
इसलिए मेरे ख्यालों में आती फ़ासी है।
साँसे तो है पर कैसा जी रहा बेजान हूँ,
पल-पल मरता,
मैं एक किसान हूँ।

रेखाएँ

रेखाएँ खिंची थी नक्शों की ज़मीनों पर,
फिर घर टूटे, आहें उठी रंगीनों पर।
जो धरती थी कभी माँ की पनाह सी,
अब बँट गई मज़हब,सियासत और राह सी।

जिस चौखट पे बच्चे हँसते थे कल,
वहीं आज बिछी है नफ़रत की हलचल।
जो अपने थे कल,बने आज अनजाने,
सियासत ने लिखे बँटवारे के फ़साने।

रेखाएँ न मिट्टी को बाँटती है, न मन को,
ये बाँटती है तो सिर्फ़ मानवता और तन को।
हर ओर नारा,हर ओर हथियार की बात,
कहीं पे खामोशी,कहीं पे मातम की रात।

हर शहादत के पीछे एक आँचल भी होता है,
सूनी कलाइयाँ और एक पत्र जो रोता है।
वो बच्चा जिसे बाप की कहानी सुनाई होगी,
पिता की परछाई में ही ज़िन्दगी बिताई होगी।

धरती वही,मिट्टी वही,फिर ये बैर कैसा?
किसी माँ के आँचल को यूं फ़ाड़ना ज़रूरी था क्या?
धूप दोनों ओर जलती है बराबर,
फ़िर छाँव में भेद कर पाना ज़रूरी था क्या?

हर गोली सिर्फ़ दुश्मन को नहीं चीरती,
वो माँ की ममता,पत्नी की नींद,
बेटी की मुस्कान छीन ले जाती है।
कोई कंधा उठाता है बेटे की अर्थी,
सन्नाटें मे बस एक सिसकी रह जाती है।

काश ये रेखाएँ मिटें और पुल बनें,दीवारें नहीं,
हर गलतफ़हमी के बीच संवाद बनें,तकरारें नहीं।
जब तक इंसानियत से बड़ा रहेगा सीमाओं का अभिमान,
तब तक मासूम दिल ही होंगे हर जंग की पहचान।

शून्य की विराटता

जीवन की आपाधापी में, जब मन भटका करता है,
दौड़ते हैं पाने को सब, पर कुछ खाली सा लगता है।
उस शोर में, उस भीड़ में, खुद को खो देते हैं हम,
पर शांति तभी मिलती है जब पाते हैं खुद को कम।
खुद को शून्य बनाना भी कितना विराट होता है,
तभी भीतर का कलश अमृत से भरता है।

जब अहंकार का पर्वत, ऊँचा उठने लगता है,
ज्ञान का सूरज भी, फीका सा लगने लगता है।
तब उतरना पड़ता है, उस गहरी घाटी में,
जहाँ मिट जाती हर पहचान, उस एकाकी माटी में।
खुद को शून्य बनाना भी कितना विराट होता है,
तभी सत्य का प्रकाश, अंतर्मन में उतरता है।

ये शून्य नहीं है खालीपन, ये तो पूर्णता का सार है,
ये वो अवस्था है जहाँ, सब बंधन हो जाते पार हैं।
न कोई राग-द्वेष, न कोई आशा-निराशा का भार है,
बस शांति और आनंद का, असीम विस्तार है।
खुद को शून्य बनाना भी कितना विराट होता है,
इसी से आत्मा का परमात्मा से मिलन होता है।

हर पल की दौड़ छोड़कर, जब थम जाते हैं हम,
न कोई इच्छा, न कोई वासना, न कोई भ्रम।
उसी पल में, उसी क्षण में, असली सुख मिलता है,
जब बाहरी आडंबरों से, मन विरक्त होता है।
खुद को शून्य बनाना भी कितना विराट होता है,
तभी तो असली "मैं" का अनुभव प्रकट होता है।

तो आओ, इस शून्य को, जीवन का आधार बनाएँ,
अहंकार की मिट्टी को, पल-पल में पिघलाएँ।
क्योंकि इसी मार्ग पर चलकर, हम खुद को पाएँगे,
उस परम शांति के सागर में, सदा के लिए समा जाएँगे।
खुद को शून्य बनाना भी कितना विराट होता है,
यही जीवन का अंतिम और शाश्वत सत्य होता है।

अधूरे सपने

सपने सँजो सँजो के, मन ने रच ली थाप।
वक्त ने छीना यूँ उन्हें, जैसे कोई पाप॥

चंदन जैसे भाव थे, राख हुई हर चाह।
जीवन की इस आँच में, खो गई हर थाह॥

मन पूछे हर रोज़ ही, क्यूँ ऐसा कुछ होय।
किसको दोषी मानिए, जब भाग्य न संजोय॥

ना हर्षित ना शोक में, मन है मौन सदा।
जीवन का ये चक्र है, चलता यूँ ही सदा॥

थक कर बैठा स्वप्न भी, बोला अब न चाह।
चाहत के उस युद्ध में, बस पाई परछाह॥

चाहत के सोपान पर, चढ़ते गए सवाल।
उत्तर सारे मौन थे, जैसे खाली थाल॥

पथरीली सी दृष्टि अब, स्वप्नों को ना निहार।
जाना है बस एक दिन, ये ही अंतिम सार॥

सुकून

सुकून कहीं बाहर नहीं,
ये तो बस भीतर की बात है।
हम ढूँढ़ते हैं भीड़ में जिसको,
वो तो अपनी ही सौगात है।

कभी चेहरों में,कभी शब्दों में,
हम उसे तलाशते जाते हैं।
हर किसी से उम्मीदें बाँध,
खुद को ही भूलते जाते हैं।

कभी किसी मौसम से उम्मीद,
कभी किसी अपने की बात से,
कभी मिल जाए एक मुस्कान,
कभी राहत किसी सौगात से।

पर हर जगह बस खालीपन,
हर कोना थोड़ी दूरी है।
जिनसे कुछ पाने निकले थे,
वो भी खुद की तलाश में अधूरी है।

थक कर जब बैठा मन,
और साँसों को थोड़ा थामा,
तो देखा – एक कोना भीतर था,
जहाँ न कोई प्रश्न, न कोई नामा।

वहाँ थी शांति,बिना शोर के,
वहाँ न कोई चाह,न कोई डर।
वो पल ना भारी था,ना हल्का,
बस बिल्कुल था सच्चा,सुंदर,सरल।

तभी जाना –
सुकून वो चाय की पहली चुस्की है,
कभी माँ की चुप्पी में, कभी पिता की हँसी में।
कभी नर्म धूप में सर्दी की,
कभी बारिश की भीगी सी कहानी में।

हम बस उसे दूर समझ बैठे थे,
जब वो हर पल हमारे साथ चला।
कभी साँसों की लय में था,
कभी अश्रु में छिपा उजाला।

अब जान लिया –
सुकून को कहीं और नहीं पाना,
बस खुद के भीतर लौट आना।

दुःख से क्या बैर

दुःख से क्या बैर करें हम,
वो भी जीवन का हिस्सा है।
सुख की बगिया महक उठे जब,
वो भी तो उसका ही किस्सा है।

सागर सा जीवन चलता है,
लहरें ऊपर नीचे आती हैं।
कभी किनारा मिलता झट से,
कभी लहरें डुबो जाती हैं।

जब भी अँधेरे छा जाते हैं,
मन की लौ ही रौशनी बनती है।
दर्द सिखाता है सच जीना,
और हार ही ताक़त बनती है।

सुख तो सबको भाता है,
पर दुःख की है अपनी पहचान।
वो जो भीतर कुछ तोड़ता है,
वही बनाता है इंसान महान।

जिसने आँधी झेली है जीवन की,
वो ही ठहराव को समझ पाएगा।
जो रोया है रात के सन्नाटे में,
वो ही तो सवेरा अपनाएगा।

दुःख ना हो तो जीत अधूरी,
संघर्ष ही असली श्रृंगार है।
चोटों पर जो मुस्कुराए,
वो ही असली सरदार है।

इसलिए कहना सीखा है अब,
हर हाल में मुस्कुराना है।
जीवन है जब तक साँसों में,
हर पल को अपनाना है।

दो कदम और सही

है अभी राह थोड़ी, और चलना है बाकी,
क्यों थम गया है राही, जब मंज़िल बुलाती है झाँकी।
ये पैरों की थकान, बस एक पल की है साथी,
दो कदम और सही, बस दो कदम और सही।

जो गिरा तो उठ ज़रा, हौसला ना हार जाना,
हर ठोकर सिखाएगी, फिर से संभल जाना।
ये तेरी साँसों की धुन, कुछ कहती है बाती,
दो कदम और सही, बस दो कदम और सही।

घटाएँ छाई होंगी, या तूफान भी होंगे साथ,
पर सूर्योदय होगा ज़रूर, बस पकड़े रह अपना हाथ।
ये अँधेरी रातें भी, बनेंगी तेरी परभाती,
दो कदम और सही, बस दो कदम और सही।

क्या पता किस मोड़ पर, वो खुशी खड़ी हो राह में,
जो तूने सोची नहीं, वो मिल जाए बस एक चाह में।
ये उम्मीद की किरण, कभी बुझने ना पाती,
दो कदम और सही, बस दो कदम और सही।

कर ले विश्वास खुद पर, तू ही तेरी नियति का साथी,
हर प्रयास तेरा, लिखेगा तेरी गाथा नई।
जीत का परचम तेरा, फहराएगा तू ही,
दो कदम और सही, बस दो कदम और सही।

जीवन एक युद्ध

जीवन की राह आसान नहीं,
यह पथ है अनगिनत संघर्षों का,
यहाँ कभी सांझ तो कभी सवेरा,
इस बीच बनाना तु भाग्य तेरा।

समय जो आए अँधकार का वेश धरकर,
द्वार खड़ा हो गर वो सीना तनकर,
बनकर दीपक तु स्वयं जल जाना,
अपनी लौ से रास्ता खुद बनाना।

लगे जो तुझे चक्रव्यूह में पैर फसते,
मुश्केलों के बादल दिखे बरसाते,
बनकर अभिमन्यू तु स्वयं लड़ जाना,
हर चुनौती को पार कर जाना।

लगे डगर कठिन,लागे जो ठोकर,
चलना पड़े अगर लहूलुहान होकर,
तु बनकर शूरवीर हिम्मत कर जाना,
मंज़िल तक पहुँचने का संकल्प दोहराना।

सुनामी आए,जो तुझको तुफ़ान घेरे,
बाधाँए जो लगाए चारों तरफ़ फेरे,
तु नाखुदा बन, जीवन अपना चलाना,
लहरों से लड़कर, साहिल तर जाना।

जीवन है एक युद्ध,लड़ना होगा,
हर स्थिति में आगे बढ़ना होगा,
हार जीत से इसकी तुलना कैसी,
ये तो बस एक सीख है, ऐसी।

डियर ज़िंदगी

डियर ज़िन्दगी,

सच है,बहुत अज़ीज़ और खास हो तुम,
बस अफ़सोस इस बात का है,
सिर्फ़ एक बार के लिए ही मेरे पास हो तुम।
कितना अच्छा होता अगर तुम मुझे दोबारा मिल पाती,
इस बार मैं तुमको बेहद कसकर गले लगाती।

जो बातें दिल में दफ़न रह गई,
उन बातों को ज़ुबान तक का फ़ासला तह कराती।
जो खुशी के पल देखकर अनदेखे किए,
उस खुशी को अच्छे से महसूस कर पाती।
जिन अपनों का साथ अचानक से छूट गया,
उनके साथ चार पल और ज़्यादा बिताती।
जिन एहसासों को दिल की संदूक में कैद कर के रखा था,
उन्हें खूबसूरत से पंख देकर आज़ाद कर पाती,
कितना अच्छा होता अगर तुम मुझे दोबारा मिल पाती।

आने वाले कल की फ़िक्र में,
जो आज को अनदेखा किया,
उस आज से रिश्ता और गहरा कर पाती।
जिन सपनों को खुली आँखों से देखकर रुसवा किया,
उन सपनों को हौसलों की उड़ान दे पाती।
मंज़िल तक पहुँचने की दौड़ में,
और सबसे आगे निकलने की होड़ में,
कुछ पल ठहरकर,सफ़र का लुफ्त उठाती।
जो चाहा उसके ना मिलने पर,जो शिकवे किये तुमसे,
जो तुमने दिया उसके लिए तुम्हें शुक्रिया कह पाती,
कितना अच्छा होता अगर तुम मुझे दोबारा मिल पाती।

निपुण बनने की चाह में,
जो अपनी खामियों से जलती रही,
उन खामियों को भी अपना बनाती।
ईश्वर के सामने जो बेहिसाब अर्ज़ियाँ लगाती रही,
उसकी मर्ज़ी को अपनी अर्ज़ी में तब्दील कर पाती।
इस दुनिया के शोर में अच्छा बनने के जोर में,
कुछ वक्त कभी अपने भीतर की आवाज़ सुन पाती।
इस मन की बातों में जो इतनी उलझती रही मैं,
उन उलझनों को सुलझाकर सुकून को तलाश पाती।
मुश्किल दौर में जो इतनी बेरूखी की तुमसे,
उस बेरूखी को दूर कर,
तुमहें अपना सबसे अच्छा दोस्त बनाती।
कितना अच्छा होता अगर तुम मुझे दोबारा मिल पाती,
इस बार मैं तुमको बेहद कसकर गले लगाती।